PABLO
(190

Ricardo Neftalí Reyes Basoalto nasceu na cidade chilena de Parral, em 12 de julho de 1904. Sua mãe era professora e morreu logo após o nascimento do filho. Seu pai, que era ferroviário, mudou-se para a cidade de Temuco, onde se casou novamente. Ricardo passou a infância perto de florestas, em meio à natureza virgem, o que marcaria para sempre seu imaginário, refletindo-se na sua obra literária.

Com treze anos, começou a contribuir com alguns textos para o jornal *La Montaña*. Foi em 1920 que surgiu o pseudônimo Pablo Neruda – uma homenagem ao poeta tchecoslovaco Jan Neruda. Vários dos poemas desse período estão presentes em *Crepusculário*, o primeiro livro do poeta, publicado em 1923.

Além das suas atividades literárias, Neruda estudou francês e pedagogia na Universidade do Chile. No período de 1927 a 1935, trabalhou como diplomata, vivendo em Burma, Sri Lanka, Java, Cingapura, Buenos Aires, Barcelona e Madri. Em 1930, casou-se com María Antonieta Hagenaar, de quem se divorciaria em 1936. Em 1955, conheceu Mathilde Urrutia, com quem ficaria até o final da vida.

Em meio às turbulências políticas do período entreguerras, publicou o livro que marcaria um novo período em sua obra, *Residência na Terra* (1933). Em 1936, o estouro da Guerra Civil Espanhola e o assassinato de García Lorca aproximaram o poeta chileno dos republicanos espanhóis, e ele acabou destituído de seu cargo consular. Em 1943, voltou ao Chile, e, em 1945 foi eleito senador da república, filiando-se ao partido comunista chileno. Teve de viver clandestinamente em seu próprio país por dois anos, até exilar-se, em 1949. Um ano depois foi publicado no México e clandestinamente no Chile o livro *Canto geral*. Além de ser o título mais célebre de Neruda, é uma obra-prima de poesia telúrica que exalta poderosamente toda a vida do Novo Mundo, denuncia a impostura dos conquistadores e a tristeza dos povos explorados, expressando um grito de fraternidade através de imagens poderosas.

Após viver em diversos países, Neruda voltou ao Chile em 1952. Muito do que ele escreveu nesse tempo tem profundas marcas políticas, como é o caso de *As uvas e o vento* (1954), que pode ser considerado o diário de exílio do poeta. Em 1971, Pablo Neruda recebeu a honraria máxima para um escritor, o Prêmio Nobel de Literatura. Morreu em Santiago do Chile, em 23 de setembro de 1973, apenas alguns dias após o golpe militar que depusera da presidência do país o seu amigo Salvador Allende.

Livros do autor na Coleção **L&PM** POCKET:

A barcarola
Cantos cerimoniais (Edição bilíngüe)
Cem sonetos de amor
O coração amarelo (Edição bilíngüe)
Crepusculário (Edição bilíngüe)
Defeitos escolhidos & 2000 (Edição bilíngüe)
Elegia (Edição bilíngüe)
Jardim de inverno (Edição bilíngüe)
Livro das perguntas (Edição bilíngüe)
Memorial de Isla Negra
Residência na terra I (Edição bilíngüe)
Residência na terra II (Edição bilíngüe)
A rosa separada (Edição bilíngüe)
Terceira Residência (Edição bilíngüe)
Últimos poemas
As uvas e o vento

PABLO NERUDA

JARDIM DE INVERNO
(1971-1973)

Tradução de JOSÉ EDUARDO DEGRAZIA

Edição bilíngüe

Coleção **L&PM** POCKET, vol. 394

Título do original espanhol: *Jardín de invierno*

Primeira edição na Coleção **L&PM** POCKET: março de 2005
Esta reimpressão: abril de 2011

capa: Ivan Pinheiro Machado sobre obra de Vincent van Gogh, *Trigal com corvos* (Rijksmuseum Vincent van Gogh, Amsterdam).
tradução: José Eduardo Degrazia
revisão: Jó Saldanha e Renato Deitos

ISBN 978-85-254-1382-6

N454j   Neruda, Pablo, 1904-1973.
          Jardim de inverno / Neftali Ricardo Reyes; tradução
      de José Eduardo Degrazia. – Porto Alegre: L&PM, 2011.
      96 p. ; 18 cm. – (Coleção L&PM POCKET)

      Nota: Edição bilíngüe: espanhol-português.

      1.Ficção chilena-poesias. 2.Reyes, Neftali Ricardo,
1904-1973. I.Título. II.Série.

                CDD Ch861
                CDU 821.134.2(8)-1

Catalogação elaborada por Izabel A. Merlo, CRB 10/329

© Fundación Pablo Neruda, 1974

Todos os direitos desta edição reservados a L&PM Editores
Rua Comendador Coruja 314, loja 9 – Floresta – 90.220-180
Porto Alegre – RS – Brasil / Fone: 51.3225.5777 – Fax: 51.3221-5380

Pedidos & Depto. Comercial: vendas@lpm.com.br
Fale conosco: info@lpm.com.br
www.lpm.com.br

Impresso no Brasil
Outono de 2011

UM JARDIM DE DESPEDIDA

Os poemas que compõem este livro foram publicados postumamente. Escritos entre os anos de 1971 e 1973, abarcam o tempo de despedida da vida, do amor, da política. Foram anos também em que o poeta vivenciou mais intensamente sua fama internacional, prêmio Nobel do ano de 1971 e embaixador do Chile em Paris, no governo de seu amigo Salvador Allende.

O mundo estava mudando e a voz poética de Neruda também. O próprio poeta nos adverte: "no me pregunten si he cambiado/ es sólo el tiempo el que envejece". O mesmo poeta em livro anterior já nos dizia que botava o seu coração onde queria. Podia ser político ou lírico, épico ou cotidiano, bem como variar a forma do poema conforme sua intenção e sentido: grandes poemas de metro largo e variado como nas Residências e no Canto Geral, ou poemas descritivos e sintéticos como nas Odes.

Jardim de inverno é um livro de despedida, de tom outonal e lírico, mas deixando sempre passar a nostalgia pelo crivo do humor e do surrealismo, o que nunca o torna autocomplacente. Diz Rodolfo Inostroza na apresentação da edição espanhola: "Aquí Neruda ya no oficia de vate de la tribu, del bardo que tejía los *Cantares de gesta* de todo un continente, del poeta de amplia respiración y gran aliento épico: como en Estravagario, aquí lo épico cede el paso a lo cotidiano, lo dramático, a lo lírico y el arúspice practica una poética más puntual y económica en cuanto a la estructura del poema. Se muestra más irónico y perplejo frente al mundo, parco en lo posible aunque proclive a desbordamientos, como ya lo tiene ampliamente demostrado en otros textos, y en fin más reflexivo frente a los hechos de su vida"[1].

No poema "El egoísta", o poeta diz: "no me pudo gastar la desventura!", significando que apesar da entrega total de sua vida, das cobranças inevitáveis de que era alvo, ele sentia que ainda tinha tempo para si mesmo e que o que vivera fora bom e intransferível. Termina o poema assim: "qué puedo hacer si respiro sin nadie,/ por qué voy a sentirme malherido?". Tinha o direito de ser feliz como qualquer mortal. O poeta tinha o direito de olhar para dentro, o direito de recolher-se e ficar imerso no seu cotidiano e ver que, apesar de não ter podido fazer o máximo por todos, a vida preservada nas pequenas coisas dava também significado à existência: "Hay que conocer ciertas virtudes/normales, vestimentas de cada día/ que de tanto ser vistas parecen invisibles", diz no poema "Modestamente".

---

[1] HINOSTROZA, Rodolfo. In: *Jardín de Invierno*, de Pablo Neruda,

O poeta agradece, no poema "Muchas gracias", ao conhecimento da vida dado pela viagem no mundo: "Hay que andar tanto por el mundo/ para constatar ciertas cosas/ ciertas leyes de sol azul/el rumor central del dolor,/ la exactitud primaveral". Só esta vivência íntima permanece como o seu rico filão de imagens, capazes de dar ao poeta, no fim da vida, o amor das coisas simples: "Llega el invierno. Espléndido dictado/me dan las lentas hojas/vestidas de silencio y amarillo".

A morte está presente neste livro, não a morte coletiva antevista na história como no poema "Alturas de Macchu Picchu", do *Canto general*, nem a morte vista na decadência e dissolução das coisas e da natureza, como nos seus poemas da juventude, mas a morte cotidiana, próxima, dos amigos, do cachorro de estimação, e a possibilidade da sua própria morte. No poema à morte de seu cachorro, o poeta, apesar de não acreditar no céu cristão, chega a pedir que exista pelo menos um céu para os cachorros: "Y yo, materialista que no cree/ en el celeste cielo prometido/ para ningún humano,/ para este perro o para todo perro/ creo en el cielo, sí, creo en un cielo/ donde yo no entraré, pero él me espera/ ondulando su cola de abanico/ para que yo al llegar tenga amistades".

A morte está próxima para o poeta, ele bem o sabe, mas a imagem que vem a ele não é a da perda simples da existência, mas a impossibilidade de fazer o que durante seu transcurso lhe foi negado ou não vivido, e também o afastamento de tudo o que na vida é som e fúria e esplendor, como no poema "Llama el océano": "Así fue, así parece que así fue:/ cambian las vidas, y el que va muriendo/ no sabe que esa parte de la vida,/ esa nota mayor, esa abundancia/ de cólera y fulgor quedaron lejos,/ te fueron ciegamente cercenadas".

O poeta aceita a própria morte voltando ao seio panteísta da água ancestral, do oceano, do mar chileno, uma das imagens recorrentes da poesia de Neruda: "No salgo al mar este verano: estoy/ encerrado, enterrado, y a lo largo/ del túnel que me lleva prisionero/ oigo remotamente un trueno verde,/ un cataclismo de botellas rotas, un susurro de sal y de agonía./ Es el libertador. Es el océano,/ lejos, allá, en mi patria, que me espera".

José Eduardo Degrazia

JARDIM DE INVERNO
(1971-1973)

CONTENIDO

El egoísta 12
Gautama Cristo 16
La piel del abedul 20
Modestamente 26
Con Quevedo, en primavera 30
Todos saber 34
Imagen 38
Llama el océano 42
Pájaro 46
Jardín de invierno 50
Muchas gracias 54
Regresos 58
Los perdidos del bosque 62
In memoriam Manuel y Benjamín 64
El tiempo 68
Animal de luz 70
Los triángulos 74
Un perro ha muerto 78
Otoño 84
La estrella 88

SUMÁRIO

O egoísta 13
Gautama Cristo 17
A pele da bétula 21
Modestamente 27
Com Quevedo, na primavera 31
Saber de todos 35
Imagem 39
O oceano chama 43
Pássaro 47
Jardim de inverno 51
Muito obrigado 55
Regressos 59
Os perdidos do bosque 63
In memoriam Manuel e Benjamim 65
O tempo 69
Animal de luz 71
Os triângulos 75
Um cachorro morreu 79
Outono 85
A estrela 89

Sobre o autor 91

EL EGOÍSTA

No falta nadie en el jardín. No hay nadie:
sólo el invierno verde y negro, el día
desvelado como una aparición,
fantasma blanco, fría vestidura,
por las escalas de un castillo. Es hora
de que no llegue nadie, apenas caen
las gotas que cuajaban el rocío
en las ramas desnudas del invierno
y yo y tú en esta zona solitaria,
invencibles y solos, esperando
que nadie llegue, no, que nadie venga
con sonrisa o medalla o presupuesto
a proponernos nada.

Ésta es la hora
de las hojas caídas, trituradas
sobre la tierra, cuando
de ser y de no ser vuelven al fondo
despojándose de oro y de verdura
hasta que son raíces otra vez
y otra vez, demoliéndose y naciendo,
suben a conocer la primavera.

Oh corazón perdido
en mí mismo, en mi propia investidura,
qué generosa transición te puebla!

O EGOÍSTA

Não falta ninguém no jardim. Não há ninguém:
somente o inverno verde e negro, o dia
desvelado como uma aparição,
fantasma branco, de fria vestimenta,
pelas escadas dum castelo. É hora
de não chegar ninguém, apenas caem
as gotas que vão espalhando o rocio
nestes ramos desnudos pelo inverno
e eu e tu nesta zona solitária,
invencíveis, sozinhos, esperando
que ninguém chegue, não, que ninguém venha
com sorriso ou medalha ou predisposto
a propor-nos nada.

Esta é a hora
das folhas caídas, trituradas
sobre a terra, quando
de ser e de não ser voltam ao fundo
despojando-se de ouro e de verdura
até que são raízes outra vez
e outra vez mais, destruindo-se e nascendo,
sobem para saber a primavera.

Ó coração perdido
em mim, em minha própria investidura,
generosa transição te povoa!

Yo no soy el culpable
de haber huido ni de haber acudido:
no me pudo gastar la desventura!
La propia dicha puede ser amarga
a fuerza de besarla cada día
y no hay camino para liberarse
del sol sino la muerte.

Qué puedo hacer si me escogió la estrella
para relampaguear, y si la espina
me condujo al dolor de algunos muchos?
Qué puedo hacer si cada movimiento
de mi mano me acercó a la rosa?
Debo pedir perdón por este invierno,
el más lejano, el más inalcanzable
para aquel hombre que buscaba el frío
sin que sufriera nadie por su dicha?

Y si entre estos caminos
– Francia distante, números de niebla –
– vuelvo al recinto de mi propia vida
– un jardín solo, una comuna pobre –
y de pronto este día igual a todos
baja por las escalas que no existen
vestido de pureza irresistible
y hay un olor de soledad aguda,
de humedad, de agua, de nacer de nuevo:
qué puedo hacer si respiro sin nadie,
por qué voy a sentirme malherido?

Eu não sou o culpado
de ter fugido ou de ter acudido:
não me pôde gastar a desventura!
A própria sorte pode ser amarga
à força de beijá-la cada dia
e não tem caminho para livrar-se
do sol senão a morte.

Que posso fazer se me escolheu a estrela
para ser um relâmpago, e se o espinho
me conduziu à dor de alguns que são muitos?
O que fazer se cada movimento
de minha mão me aproximou da rosa?
Devo pedir perdão por este inverno,
o mais distante, o mais inalcançável
para aquele homem que buscava o frio
sem que ninguém sofresse por sua sorte?

E se entre estes caminhos
– França distante, números de névoa –
volto ao recinto da minha própria vida
– um jardim só, uma comuna pobre –
e de repente um dia igual a todos
descendo as escadas que não existem
vestido de pureza irresistível,
e existe o olor de solidão aguda,
de umidade, de água, de nascer de novo:
que faço se respiro sem ninguém,
por que devo sentir-me malferido?

GAUTAMA CRISTO

Los nombres de Dios y en particular de su
        representante
llamado Jesús o Cristo, según textos y bocas,
han sido usados, gastados y dejados
a la orilla del río de las vidas
como las conchas vacías de un molusco.

Sin embargo, al tocar estos nombres sagrados
y desangrados, pétalos heridos,
saldos de los océanos del amor y del miedo,
algo anún permanece: un labio de ágata,
una huella irisada que aún tiembla en la luz.

Mientras se usaban los nombres de Dios
por los mejores y por los peores, por los limpios y
        por los sucios,
por los blancos y los negros, por ensangrentados
        asesinos
y por las víctimas doradas que ardieron en napalm,
mientras Nixon con las manos
de Caín bendecía a sus condenados a muerte,
mientras menos y menores huellas divinas se
        hallaron en la playa,
los hombres comenzaron a estudiar los colores,
el porvenir de la miel, el signo del uranio,

GAUTAMA CRISTO

Os nomes de Deus e em particular de seu
    representante
chamado Jesus ou Cristo, segundo textos e bocas,
têm sido usados, gastos e largados
à margem do rio das vidas
como conchas vazias de um molusco.

E no entanto, ao tocar estes nomes sagrados
e sangrados, pétalas feridas,
saldos dos oceanos do amor e do medo,
algo ainda permanece: um lábio de ágata,
a marca irisada que ainda treme na luz.

Enquanto se usavam os nomes de Deus
por melhores e por piores, por limpos e por
    sujos
por brancos e negros, por ensangüentados
    assassinos
e pelas vítimas douradas que arderam no napalm,
enquanto Nixon com mãos
de Caim bendizia seus condenados à morte,
enquanto menos e menores pegadas divinas
    foram encontradas na praia,
os homens começaram a estudar as cores,
o porvir do mel, o signo do urânio,

buscaron con desconfianza y esperanza las posibilidades
de matarse y de no matarse, de organizarse en hileras,
de ir más allá, de ilimitarse sin reposo.

Los que cruzamos estas edades con gusto a sangre,
a humo de escombros, a ceniza muerta,
y no fuimos capaces de perder la mirada,
a menudo nos detuvimos en los nombres de Dios,
los levantamos con ternura porque nos recordaban
a los antecesores, a los primeros, a los que interrogaron,
a los que encontraron el himno que los unió en la desdicha
y ahora viendo los fragmentos vacíos donde habitó aquel nombre
sentimos estas suaves sustancias
gastadas, malgastadas por la bondad y por la maldad.

buscaram com desconfiança e esperança as
    possibilidades
de matar-se ou de não se matar, de organizar-se
    em fileiras,
de ir além, de ser ilimitável sem repouso.

Os que cruzamos estas idades com gosto de sangue,
fumaça de escombros e de cinza morta,
e não fomos capazes de perder nosso olhar,
e muitas vezes nos detivemos nos nomes de Deus,
e os levantamos com ternura porque nos
    recordavam
os antecessores, os primeiros, os que interrogaram,
os que encontraram um hino que os uniu na
    desdita
e agora vendo os fragmentos vazios onde habitou
    aquele nome
sentimos estas suaves substâncias
gastas, maltratadas pela bondade e pela maldade.

LA PIEL DEL ABEDUL

Como la piel del abedul
eres plateada y olorosa:
tengo que contar con tus ojos
al describir la primavera.

Y aunque no sé cómo te llamas
no hay primer tomo sin mujer:
los libros se escriben con besos
(y yo les ruego que se callen
para que se acerque la lluvia).

Quiero decir que entre dos mares
está colgando mi estatura
como una bandera abatida.
Y por mi amada sin mirada
estoy dispuesto hasta a morir
aunque mi muerte se atribuya
a mi deficiente organismo
o a la tristeza innecesaria
depositada en los roperos.
Lo cierto es que el tiempo se escapa
y con voz de viuda me llama
desde los bosques olvidados.

A PELE DA BÉTULA

Como uma pele de bétula
és prateada e perfumada:
tenho que contar com teus olhos
ao descrever a primavera.

Mesmo não sabendo o teu nome
não há primeiro tomo sem mulher:
os livros se escrevem com beijos
(e eu lhes rogo que se calem
para que se aproxime a chuva).

Quero dizer que entre dois mares
a minha altura pendurou-se
como uma bandeira abatida.
E por minha amada sem olhar
estou disposto até a morrer
embora se atribua minha morte
ao meu deficiente organismo
e à tristeza desnecessária
depositada nos roupeiros.
O certo é que o tempo se escapa
e com voz de viúva me chama
desde estes bosques esquecidos.

Antes de ver el mundo, entonces,
cuando mis ojos no se abrían
yo disponía de cuatro ojos:
los míos y los de mi amor:
no me pregunten si he cambiado
(es sólo el tiempo el que envejece)
(vive cambiando de camisa
mientras yo sigo caminando).

Todos los labios del amor
fueron haciendo mi ropaje
desde que me sentí desnudo:
ella se llamaba María
(tal vez Teresa se llamaba),
y me acostumbré a caminar
consumido por mis pasiones.

Eres tú la que tú serás
mujer innata de mi amor,
la que de greda fue formada
o la de plumas que voló
o la mujer territorial
de cabellera en el follaje
o la concéntrica caída
como una moneda desnuda
en el estanque de un topacio
o la presente cuidadora
de mi incorrecta indisciplina

Antes de ver o mundo, então,
quando meus olhos não se abriam
eu já dispunha de quatro olhos:
os meus próprios e os do meu amor:
não me perguntem se eu mudei
(e só o tempo é que envelhece)
(vive mudando de camisa
enquanto eu sigo caminhando).

E todos os lábios do amor
fizeram a minha roupagem
desde que me senti desnudo:
ela se chamava Maria
(talvez Teresa se chamasse),
e me acostumei a caminhar
consumido em minhas paixões.

Sendo tu a que tu serás
mulher inata do meu amor,
a que do barro foi formada
ou a feita de plumas que voou
ou a mulher territorial
de cabeleira na folhagem
ou esta concêntrica caída
igual a uma moeda desnuda
no tanque dum topázio
ou a presente cuidadora
da minha errada indisciplina

o bien la que nunca nació
y que yo espero todavía.

Porque la luz del abedul
es la piel de la primavera.

ou bem a que nunca nasceu
e que eu espero desde sempre.

Porque a luz da bétula
é a pele da primavera.

MODESTAMENTE

Hay que conocer ciertas virtudes
normales, vestimentas de cada día
que de tanto ser vistas parecen invisibles
y no entregarnos al excepcional,
al tragafuego o a la mujer araña.

Sin duda que preconizo la excelencia silvestre,
el respeto anticuado, la sede natural,
la economía de los hechos sublimes que se pegan
de roca en roca a las generaciones sucesivas,
como ciertos moluscos vencedores del mar.

Toda la gente, somos nosotros, los eslabones grises
de las vidas que se repiten hasta la muerte,
y no llevamos uniformes desmesurados, ni
      rupturas precisas:
nos convienen las comunicaciones, el limpio amor,
      el pan puro,
el fútbol, las calles atravesadas con basuras a la
      puerta,
los perros de condescendientes colas, el jugo de
      un limón
en el advenimiento del pescado pacífico.

MODESTAMENTE

Temos que conhecer certas virtudes
normais, vestimentas de cada dia
que de tanto ser vistas parecem invisíveis
e não nos entregarmos ao excepcional,
ao engole-fogo ou à mulher-aranha.

Sem dúvida que preconizo a excelência silvestre,
o respeito antiquado, uma sede natural,
a economia dos feitos sublimes que se pegam
de rocha em rocha nas gerações sucessivas,
como certos moluscos vencedores do mar.

Toda a gente, somos nós, os elos cinzentos
das vidas que se repetem até a morte,
e não levamos uniformes desmesurados, nem
    rupturas precisas:
nos convêm as comunicações, o limpo amor, o
    pão puro,
o futebol, as ruas atravessadas com lixo na porta,
os cachorros de condescendentes rabos, o suco
    de um limão
no advento do peixe pacificado.

Pido autorización para ser como todos,
como todo el mundo y, también, como cualquiera:
le ruego a usted, encarecidamente,
si se trata de mí, ya que de eso se trata,
que se elimine el cornetazo durante mi visita
y se resignen ustedes a mi tranquila ausencia.

Peço autorização para ser como todos,
e como todo o mundo e, também, como qualquer:
rogo a vocês, encarecidamente,
se se trata de mim, já que disso se trata,
que se elimine a fanfarra durante a minha visita
e se resignem vocês com a minha tranqüila ausência.

CON QUEVEDO, EN PRIMAVERA

Todo ha florecido en
estos campos, manzanos,
azules titubeantes, malezas amarillas,
y entre la hierba verde viven las amapolas,
el cielo inextinguible, el aire nuevo
de cada día, el tácito fulgor,
regalo de una extensa primavera.
Sólo no hay primavera en mi recinto.
Enfermedades, besos desquiciados,
como yedras de iglesia se pegaron
a las ventanas negras de mi vida
y el solo amor no basta, ni el salvaje
y extenso aroma de la primavera.

Y para ti qué son en este ahora
la luz desenfrenada, el desarrollo
floral de la evidencia, el canto verde
de las verdes hojas, la presencia
del cielo con su copa de frescura?
Primavera exterior, no me atormentes,
desatando en mis brazos vino y nieve,
corola y ramo roto de pesares,
dame por hoy el sueño de las hojas
nocturnas, la noche en que se encuentran

COM QUEVEDO, NA PRIMAVERA

Tudo floresceu
nos campos, macieiras,
azuis titubeantes, capoeiras amarelas,
no meio da erva verde vivem as papoulas,
o céu inextingüível, e o ar novo
de cada dia, num tácito fulgor,
presente de uma extensa primavera.
Só não há primavera em meu recinto.
Enfermidades, beijos descompostos,
como heras de igrejas que se pegaram
nas janelas negras da minha vida,
só o amor não basta, nem o selvagem
e extenso perfume da primavera.

E para ti que são bem neste agora
a desenfreada luz, o desenvolver
floral de uma evidência, o canto verde
destas verdes folhas, mais a presença
do firmamento com sua copa fresca?
Primavera exterior, não me atormentes,
desatando em meus braços vinho e neve,
corola e ramo roto de pesares,
dá-me por hoje o sonho dessas folhas
noturnas, a noite onde vão se encontrar

los muertos, los metales, las raíces,
y tantas primaveras extinguidas
que despiertan en cada primavera.

os mortos, os metais, tantas raízes,
e tantas primaveras extinguidas
que despertam em cada primavera.

TODOS SABER

Alguien preguntará más tarde, alguna vez
buscando un nombre, el suyo o cualquier otro
      nombre,
por qué desestimé su amistad o su amor
o su razón o su delirio o sus trabajos:
tendrá razón: fue mi deber nombrarte,
a ti, al de más allá y al de más cerca,
a alguno por la heroica cicatriz,
a la mujer aquella por su pétalo,
al arrogante por su inocencia agresiva,
al olvidado por su oscuridad insigne.

Pero no tuve tiempo ni tinta para todos.

O bien el menoscabo de la ciudad, del tiempo,
el frío corazón de los relojes
que latieron cortando mi medida,
algo pasó, no descifré,
no alcancé todos los significados:
pido perdón al que no está presente:
mi obligación fue comprender a todos, delirante,
débil, tenaz, manchado, heroico, vil,
amante hasta las lágrimas, ingrato,
redentor atrapado en su cadena,
enlutado campeón de la alegría.

SABER DE TODOS

Alguém perguntará mais tarde, alguma vez
buscando um nome, o seu ou qualquer outro
    nome,
por que não estimei sua amizade ou seu amor
ou sua razão ou seu delírio ou seus trabalhos:
terá razão: foi meu dever ter te nomeado,
a ti, ao bem distante e ao mais de perto,
a algum seja pela sua heróica cicatriz,
à mulher aquela pela sua pétala,
ao arrogante pela sua inocência agressiva,
ao esquecido por sua obscuridade insigne.

Mas não tive tempo nem tinta para todos.

Ou bem o desprezo da cidade, do tempo,
o gelado coração dos relógios
que bateram cortando minha medida,
algo passou, não decifrei,
não peguei todos os significados:
peço perdão ao que não é presente:
minha obrigação foi compreender a todos, delirante,
débil, tenaz, manchado, heróico, vil,
amante até as lágrimas, ingrato,
redentor agarrado em sua cadeia,
enlutado campeão da alegria.

Ay, para qué contamos tus verdades
si yo viví con ellas,
si yo soy cada uno y cada vez,
si yo me llamo siempre con tu nombre.

Ai, para que contamos tuas verdades
se eu vivi com elas,
e se eu sei que sou cada um e cada vez,
se eu me chamo sempre com o teu nome.

IMAGEN

De una mujer que apenas conocí
guardo el nombre cerrado: es una caja,
alzo de tarde en tarde las sílabas que tienen
herrumbre y crujen como pianos desvencijados:
salen luego los árboles aquellos, de la lluvia,
los jazmines, las trenzas victoriosas
de una mujer sin cuerpo ya, perdida,
ahogada en el tiempo como en un lento lago:
sus ojos se apagaron allí como carbones.

Sin embargo, hay en la disolución
fragancia muerta, arterias enterradas,
o simplemente vida entre otras vidas.
Es aromático volver el rostro
sin otra dirección que la pureza:
tomar el pulso al cielo torrencial
de nuestra juventud menoscabada:
girar un anillo al vacío,
poner el grito en el cielo.

Siento no tener tiempo para mis existencias,
la mínima, el souvenir dejado en un vagón
de tren, en una alcoba o en la cervecería,
como un paraguas que allí se quedó en la lluvia:
tal vez son estos labios imperceptibles

IMAGEM

De uma mulher que eu apenas conheci
guardo o nome fechado: é uma caixa,
levanto de tarde em tarde as sílabas que têm
ferrugem e rangem como pianos desconjuntados:
vão saindo logo as árvores aquelas, da chuva,
mais os jasmins e as tranças vitoriosas
de uma mulher sem corpo já, perdida,
afogada no tempo como num lento lago:
seus olhos se apagaram ali como carvões.

E no entanto, tem na dissolução
fragrância morta, artérias enterradas,
ou simplesmente vidas entre outras vidas.
É aromático voltar o rosto
sem outra direção do que a pureza:
tomar o pulso do céu torrencial
da nossa juventude depreciada:
girar um anel no vazio,
colocar o grito no céu.

Sinto não ter tempo para as minhas existências,
a mínima, o souvenir deixado num vagão
de trem, numa alcova ou numa cervejaria,
como um guarda-chuva que ali ficou na chuva:
talvez sejam estes lábios imperceptíveis

los que se escuchan como resonancia marina
de pronto, en un descuido del camino.

Por eso, Irene o Rosa, María o Leonor,
cajas vacías, flores secas dentro de un libro,
llaman en circunstancias solitarias
y hay que abrir, hay que oír lo que no tiene voz,
hay que ver estas cosas que no existen.

os que se escutam como ressonância marinha
de repente, em um descuido do caminho.

Por isso, Irene ou Rosa, Maria ou Leonor,
caixas vazias, flores secas dentro de um livro,
chamam em circunstâncias solitárias
e deve-se abrir, e ouvir o que não tem voz,
deve-se ver as coisas que não existem.

LLAMA EL OCÉANO

No voy al mar en este ancho verano
cubierto de calor, no voy más lejos
de los muros, las puertas y las grietas
que circundan las vidas y mi vida.

En qué distancia, frente a cuál ventana,
en qué estación de trenes
dejé olvidado el mar? Y allí quedamos,
yo dando las espaldas a lo que amo
mientras allá seguía la batalla
de blanco y verde y piedra y centelleo.

Así fue, así parece que así fue:
cambian las vidas, y el que va muriendo
no sabe que esa parte de la vida,
esa nota mayor, esa abundancia
de cólera y fulgor quedaron lejos,
te fueron ciegamente cercenadas.

No, yo me niego al mar desconocido,
muerto, rodeado de ciudades tristes,
mar cuyas olas no saben matar,
ni cargarse de sal y de sonido.
Yo quiero el mío mar, la artillería
del océano golpeando las orillas,

O OCEANO CHAMA

Não vou ao mar por este amplo verão
coberto de calor, não vou mais longe
destes muros, das portas e das gretas
que circundam vidas e a minha vida.

Em que distância, frente a qual janela,
em que estação de trens
deixei esquecido o mar? E ali ficamos,
eu dando as costas para o que amo
enquanto lá continuava a batalha
de branco e verde e pedra e lampejo.

Assim foi, assim parece que assim foi:
mudam as vidas, e o que vai morrendo
não sabe que essa parte dessa vida,
essa nota maior, essa abundância
de cólera e fulgor ficaram longe,
e te foram cegamente cortadas.

Não, eu me nego ao mar desconhecido,
morto, rodeado de cidades tristes,
mar cujas ondas não sabem matar,
nem carregar-se de sal e de som.
Eu quero o meu mar, a artilharia
do oceano golpeando as suas margens,

aquel derrumbe insigne de turquesas,
la espuma donde muere el poderío.

No salgo al mar este verano: estoy
encerrado, enterrado, y a lo largo
del túnel que me lleva prisionero
oigo remotamente un trueno verde,
un cataclismo de botellas rotas,
un susurro de sal y de agonía.
Es el libertador. Es el océano,
lejos, allá, en mi patria, que me espera.

a derrubada insigne de turquesas,
a espuma onde morre o poderio.

Não vou ao mar este verão: estou
encerrado, enterrado, na distância
do túnel que me leva prisioneiro
ouço remotamente um trovão verde,
um cataclismo de garrafas rotas,
um sussurro de sal e de agonia.
É o libertador. O oceano, lá
longe, que na minha pátria me espera.

PÁJARO

Un pájaro elegante,
patas delgadas, cola interminable,
viene
cerca de mí, a saber qué animal soy.
Sucede en Primavera,
en Condé-sur-Iton, en Normandía.
Tiene una estrella o gota
de cuarzo, harina o nieve
en la frente minúscula
y dos rayas azules lo recorren
desde el cuello a la cola,
dos líneas estelares de turquesa.

Da minúsculos saltos
mirándome rodeado
de pasto verde y cielo
y son dos signos interrogativos
esos nerviosos ojos acechantes
como dos alfileres,
dos puntas negras, rayos diminutos
que me atraviesan para preguntarme
si vuelo y hacia dónde.
Intrépido, vestido
como una flor por sus ardientes plumas,
directo, decidido

PÁSSARO

Um pássaro elegante,
patas delgadas, cauda interminável,
vem
perto de mim, saber que animal sou.
Ocorre na primavera,
em Condé-sur-Iton, na Normandia.
Tem uma estrela ou gota
de quartzo, farinha ou neve
em sua face minúscula
e duas raias azuis vão percorrendo
desde o pescoço à cauda,
duas linhas estelares de turquesa.

Dá minúsculos saltos
olhando-me rodeado
de pasto verde e céu
e são dois signos interrogativos
esses dois nervosos olhos que espreitam
como dois alfinetes,
duas pontas negras, raios diminutos
que me atravessam para perguntar-me
se vôo e até onde.
Intrépido, vestido
como uma flor por suas ardentes plumas,
direto, decidido

frente a la hostilidad de mi estatura,
de pronto encuentra un grano o un gusano
y a saltos de delgados pies de alambre
abandona el enigma
de este gigante que se queda solo,
sin su pequeña vida pasajera.

frente à hostilidade de minha altura,
e de repente encontra um grão ou um verme
e em saltos de delgados pés de arame
abandona o enigma
deste gigante que fica sozinho,
sem sua pequena vida passageira.

JARDÍN DE INVIERNO

Llega el invierno. Espléndido dictado
me dan las lentas hojas
vestidas de silencio y amarillo.
Soy un libro de nieve,
una espaciosa mano, una pradera,
un círculo que espera,
pertenezco a la tierra y a su invierno.

Creció el rumor del mundo en el follaje,
ardió después el trigo constelado
por flores rojas como quemaduras,
luego llegó el otoño a establecer
la escritura del vino:
todo pasó, fue cielo pasajero
la copa del estío,
y se apagó la nube navegante.

Yo esperé en el balcón, tan enlutado
como ayer con las yedras de mi infancia,
que la tierra extendiera
sus alas en mi amor deshabitado.

Yo supe que la rosa caería
y el hueso del durazno transitorio
volvería a dormir y a germinar:

JARDIM DE INVERNO

Chega o inverno. Um esplêndido ditado
dão-me as lentas folhas
vestidas de silêncio e de amarelo.
Sou um livro de neve,
uma larga mão, uma pradaria,
um círculo que espera,
que assim pertenço à terra e a seu inverno.

Cresceu o rumor do mundo na folhagem,
ardeu depois o trigo constelado
por flores rubras como queimaduras,
logo chegou o outono estabelecendo
a escritura de vinho:
e tudo passou, foi céu passageiro
a taça do estio,
e se apagou a nuvem navegante.

Eu esperei no balcão, tão enlutado
como ontem nas heras da minha infância,
que a terra estendera
suas asas no meu amor desabitado.

Eu soube que a rosa feneceria
e este caroço do transitório pêssego
voltaria para dormir, germinar:

y me embriagué con la copa del aire
hasta que todo el mar se hizo nocturno
y el arrebol se convirtió en ceniza.

La tierra vive ahora
tranquilizando su interrogatorio,
extendida la piel de su silencio.
Yo vuelvo a ser ahora
el taciturno que llegó de lejos
envuelto en lluvia fría y en campanas:
debo a la muerte pura de la tierra
la voluntad de mis germinaciones.

e me embebedei com a taça de ar
até que todo o mar se fez noturno
e o amanhecer foi convertido em cinza.

Vive a terra agora
tranqüilizando o seu interrogatório,
estendida a pele do seu silêncio.
Volto a ser agora
o taciturno que chegou de longe
envolto em chuva fria e pelos sinos:
devo para a pura morte da terra
a intenção das minhas germinações.

MUCHAS GRACIAS

HAY QUE andar tanto por el mundo
para constatar ciertas cosas,
ciertas leyes de sol azul,
el rumor central del dolor,
la exactitud primaveral.

Yo soy tardío de problemas:
llego tarde al anfiteatro
donde se espera la llegada
de la sopa de los centauros!
Allí brillan los vencedores
y se multiplica el otoño.

Por qué yo vivo desterrado
del esplendor de las naranjas?

Me he dado cuenta poco a poco
que en estos días sufocantes
se me va la vida en sentarme,
gasto la luz en las alfombras.

Si no me dejaron entrar
en la casa de los urgentes,
de los que llegaron a tiempo,

MUITO OBRIGADO

É preciso andar muito pelo mundo
para constatar certas coisas,
e certas leis de sol azul,
o rumor central da dor,
a exatidão primaveril.

Eu sou tardo de problemas:
chego tarde no anfiteatro
onde se espera a chegada
de uma sopa de centauros!
Ali brilham os vencedores
e se multiplica o outono.

Por que eu vivo desterrado
do esplendor dessas laranjas?

Dei-me conta pouco a pouco
que nestes dias sufocantes
vai-se minha vida em sentar,
gasto a luz pelas alfombras.

Se não me deixaram entrar
na casa dos imperiosos,
dos que chegaram em tempo,

quiero saber lo que pasó
cuando se cerraron las puertas.

Cuando se cerraron las puertas
y el mundo desapareció
en un murmullo de sombreros
que repetían como el mar
un prestigioso movimiento.

Con estas razones de ausencia
pido perdón por mi conducta.

quero saber o que passou
quando fecharam as portas.

Quando fecharam as portas
e desapareceu o mundo
num murmúrio de chapéus
que repetiam como o mar
prestigioso movimento.

Com estas razões de ausência
perdoem-me por minha conduta.

REGRESOS

Dos regresos se unieron a mi vida
y al mar de cada día:
de una vez afronté la luz, la tierra,
cierta paz provisoria. Una cebolla
era la luna, globo
nutricio de la noche, el sol naranja
sumergido en el mar:
una llegada
que soporté, que reprimí hasta ahora,
que yo determiné, y aquí me quedo:
ahora la verdad es el regreso.
Lo sentí como quebrantadura,
como una nuez de vidrio
que se rompe en la roca
y por allí, en un trueno, entró la luz,
la luz del litoral, del mar perdido,
del mar ganado ahora y para siempre.

Yo soy el hombre de tantos regresos
que forman un racimo traicionado,
de nuevo, adiós, por un temible viaje
en que voy sin llegar a parte alguna:
mi única travesía es un regreso.

REGRESSOS

Dois regressos se uniram à minha vida
e ao mar de cada dia:
de uma vez afrontei a luz, a terra,
certa paz provisória. Uma cebola
era a lua, era o globo
nutrício da noite, e o sol cor de laranja
submerso no mar:
uma chegada
que suportei, que reprimi até agora,
que eu determinei, e por aqui fico:
pois agora a verdade é o regresso.
Eu o senti como um enfraquecimento,
como uma noz de vidro
que quebra na rocha
e por ali, em um trovão, entrou a luz,
a luz do litoral, do mar perdido,
deste mar ganho agora e para sempre.

Eu sou o homem que veio de tantos regressos
que formam um ramo que foi enganado,
de novo, adeus, pela temível viagem
em que vou sem chegar a parte alguma:
minha única travessia é um regresso.

Y esta vez entre las incitaciones
temí tocar la arena, el resplandor
de este mar malherido y derramado,
pero dispuesto ya a mis injusticias
la decisión cayó con el sonido
de un fruto de cristal que se destroza
y en el golpe sonoro vi la vida,
la tierra envuelta en sombras y destellos
y la copa del mar bajo mis labios.

E desta vez entre as incitações
eu temi tocar a areia, o resplendor
deste mar malferido e derramado,
mas já disposto a minhas injustiças
a decisão tombou com um barulho
de um fruto de cristal que se destroça
e neste golpe sonoro vi a vida,
a terra envolta em sombras e resplendor
e uma taça marinha nos meus lábios.

LOS PERDIDOS DEL BOSQUE

Yo soy uno de aquellos que no alcanzó a llegar al
     bosque,
de los retrocedidos por el invierno en la tierra,
atajados por escarabajos de irisación y picadura
o por tremendos ríos que se oponían al destino.

Éste es el bosque, el follaje es cómodo, son
     altísimos muebles
los árboles, ensimismadas cítaras las hojas,
se borraron senderos, cercados, patrimonios,
el aire es patriarcal y tiene olor a tristeza.

Todo es ceremonioso en el jardín salvaje
de la infancia: hay manzanas cerca del agua
que llega de la nieve negra escondida en los Andes:
manzanas cuyo áspero rubor no conoce los dientes
del hombre, sino el picoteo de pájaros voraces,
manzanas que inventaron la simetría silvestre
y que caminan con lentísimo paso hacia el azúcar.

Todo es nuevo y antiguo en el esplendor circundante,
los que hasta aquí vinieron son los menoscabados,
y los que se quedaron atrás en la distancia
son los náufragos que pueden o no sobrevivir:
sólo entonces conocerán las leyes del bosque.

OS PERDIDOS DO BOSQUE

Eu sou um daqueles que não alcançou chegar ao
    bosque,
dos que retrocederam pelo inverno na terra,
impedidos por escaravelhos de irisação e picada
ou por tremendos rios que se opunham ao destino.

Este é o bosque, a folhagem é cômoda, são
    altíssimos móveis
as árvores, ensimesmadas cítaras as folhas,
apagaram-se caminhos, cercados, patrimônios,
o ar é patriarcal e tem cheiro de tristeza.

Tudo é cerimonioso no jardim selvagem
da infância: existem maçãs perto da água
que chega da neve negra escondida nos Andes:
maçãs cujo áspero rubor não conhece os dentes
do homem, mas as bicadas dos pássaros vorazes,
maçãs que inventaram a simetria silvestre
e que caminham com lentíssimo passo até o açúcar.

Tudo é novo e antigo no esplendor circundante,
os que até aqui vieram são os menosprezados,
e os que ficaram para trás pela distância
são os náufragos que podem ou não sobreviver:
para só então conhecer as leis do bosque.

IN MEMORIAM
MANUEL Y BENJAMÍN

Al mismo tiempo, dos de mi carrera,
de mi cantera, dos de mis trabajos,
se murieron con horas de intervalo:
uno envuelto en Santiago, el otro en Tacna:
dos singulares, sólo parecidos
ahora, única vez, porque se han muerto.

El primero fue taimado y soberano,
áspero, de rugosa investidura,
más bien dado al silencio:
de obrero trabajado conservó
la mano de tarea predispuesta
a la piedra, al metal de la herrería.
El otro, inquieto del conocimiento,
ave de rama en rama de la vida,
fuegocentrista como un bello faro
de intermitentes rayos.
                              Dos secuaces
de dos sabidurías diferentes:
dos nobles solitarios que hoy se unieron
para mí en la noticia de la muerte.

Amé a mis dos opuestos compañeros
que, enmudeciendo, me han dejado mudo
sin saber qué decir ni qué pensar.

IN MEMORIAM
MANUEL E BENJAMIM

Ao mesmo tempo, dois de minha carreira,
dois de meu engenho, dois de meus trabalhos,
mortos com poucas horas de intervalo:
um envolto em Santiago, o outro foi em Tacna:
são dois indivíduos, só parecidos
agora, única vez, porque estão mortos.

O primeiro foi astuto e soberano,
áspero, de rugosa investidura,
dava-se mais com o silêncio:
de obreiro trabalhado conservou
a mão para tarefa predisposta
à pedra, ao metal da ferraria.
O outro, inquieto pelo conhecimento,
pássaro de ramo em ramo da vida,
iluminado como um belo farol
de intermitentes raios.
                            Dois sequazes
de duas sabedorias diferentes:
dois nobres solitários hoje unidos
para mim nessa notícia de morte.

Amei aos meus dois opostos companheiros
que, emudecendo, me deixaram mudo
sem saber o que dizer e o que pensar.

Tanto buscar debajo de la piel
y tanto andar entre almas y raíces,
tanto picar papel hora tras hora!
Ahora quietos están, acostumbrándose
a un nuevo espacio de la oscuridad,
el uno con su rectitud de roble
y el otro con su espejo y espejismo:
los dos que se pasaron nuestras vidas
cortando el tiempo, escarmenando, abriendo
surcos, rastreando la palabra justa,
el pan de la palabra cada día.

(Si no tuvieron tiempo de cansarse
ahora quietos y por fin solemnes
entran compactos a este gran silencio
que desmenuzará sus estaturas.)

No se hicieron las lágrimas jamás
para estos hombres.
                    Y nuestras palabras
suenan a hueco como tumbas nuevas
donde nuestras pisadas desentonan,
mientras ellos allí se quedan solos,
con naturalidad, como existieron.

Tanto buscar por debaixo da pele
e tanto andar entre almas e raízes,
tanto picar papel hora após hora!
Quietos agora estão, se acostumando
a um novo espaço de obscuridade,
este com a retidão de carvalho
e aquele com o seu espelho e miragem:
os dois que se passaram em nossas vidas
cortando o tempo, separando, abrindo
sulcos, e rastreando a palavra justa,
o pão da palavra de cada dia.

(Se não tiveram tempo de cansar-se
agora quietos e por fim solenes
entram compactos no grande silêncio
que dimensionará suas estaturas.)

Não se fizeram lágrimas jamais
para estes homens.
               E nossas palavras
soam, retumbam como em tumbas novas
onde nossas pisadas desentonam,
enquanto eles ali ficam sozinhos,
naturalmente, tal como existiram.

EL TIEMPO

DE MUCHOS días se hace el día, una hora
tiene minutos atrasados que llegaron y el día
se forma con extravagantes olvidos, con metales,
cristales, ropa que siguió en los rincones,
predicciones, mensajes que no llegaron nunca.

El día es un estanque en el bosque futuro,
esperando, poblándose de hojas, de advertencias,
de sonidos opacos que entraron en el agua
como piedras celestes.
                      A la orilla
quedan las huellas doradas del zorro vespertino
que como un pequeño rey rápido quiere la guerra:
el día acumula en su luz briznas, murmullos:
todo surge de pronto como una vestidura
que es nuestra, es el fulgor acumulado
que aguardaba y que muere por orden de la noche
volcándose en la sombra.

O TEMPO

De muitos dias se faz o dia, uma hora
tem minutos atrasados que chegaram e o dia
forma-se com estranhos esquecimentos, metais,
cristais, roupa que seguiu nos recantos,
predições, mensagens que não chegaram nunca.

O dia é um tanque num bosque futuro,
esperando, povoando-se de folhas, de advertências,
e de sons opacos que entraram na água
como pedras celestes.
                E na margem
ficam pegadas douradas da raposa vespertina
que como um pequeno rei rápido quer a guerra:
o dia acumula em sua luz fibras e murmúrios:
tudo surge de repente como uma vestimenta
que é nossa, é o fulgor acumulado
que aguardava e que morre por ordem da noite
derramando-se na sombra.

ANIMAL DE LUZ

Soy en este sin fin sin soledad
un animal de luz acorralado
por sus errores y por su follaje:
ancha es la selva: aquí mis semejantes
pululan, retroceden o trafican,
mientras yo me retiro acompañado
por la escolta que el tiempo determina:
olas del mar, estrellas de la noche.

Es poco, es ancho, es escaso y es todo.
De tanto ver mis ojos otros ojos
y mi boca de tanto ser besada,
de haber tragado el humo
de aquellos trenes desaparecidos,
las viejas estaciones despiadadas
y el polvo de incesantes librerías,
el hombre yo, el mortal, se fatigó
de ojos, de besos, de humo, de caminos,
de libros más espesos que la tierra.

Y hoy en el fondo del bosque perdido
oye el rumor del enemigo y huye
no de los otros sino de sí mismo,
de la conversación interminable,

ANIMAL DE LUZ

Sou neste sem fim sem solidão
um animal de luz encurralado
por seus erros e pela sua folhagem:
grande é a selva: aqui meus semelhantes
pululam, retrocedem ou traficam,
enquanto eu me retiro acompanhado
pela escolta que o tempo determina:
ondas do mar, estrelas da noite.

É pouco, é bastante, é escasso e é tudo.
De tanto ver meus olhos outros olhos
e minha boca de tanto ser beijada,
de haver tragado a fumaça
daqueles trens já desaparecidos,
as velhas estações desapiedadas
e o pó das incessantes livrarias,
o homem eu, o mortal, fatigou-se
de olhos, de beijos, de fumo, de caminhos,
e de livros tão mais densos que a terra.

E hoje no fundo do bosque perdido
escuta o rumor do inimigo e foge
não dos outros mas sim de si mesmo,
dessa conversação interminável,

del coro que cantaba con nosotros
y del significado de la vida.

Por una vez, porque una voz, porque una
sílaba o el transcurso de un silencio
o el sonido insepulto de la ola
me dejan frente a la verdad,
y no hay nada más que descifrar,
ni nada más que hablar: eso era todo:
se cerraron las puertas de la selva,
circula el sol abriendo los follajes,
sube la luna como fruta blanca
y el hombre se acomoda a su destino.

do coro que cantava junto a nós
e do significado desta vida.

Por uma vez, porque uma voz, porque uma
sílaba ou o transcurso de um silêncio
ou o som insepulto da onda
me deixam frente à verdade,
e não há nada mais para decifrar,
nada mais para falar: era tudo:
e fecharam-se as portas desta selva,
circula o sol abrindo suas folhagens,
e sobe a lua como uma fruta branca
e o homem se acomoda ao seu destino.

LOS TRIÁNGULOS

Tres triángulos de pájaros cruzaron
sobre el enorme océano extendido
en el invierno como una bestia verde.
Todo yace, el silencio,
el desarrollo gris, la luz pesada
del espacio, la tierra intermitente.

Por encima de todo fue pasando
un vuelo
y otro vuelo
de aves oscuras, cuerpos invernales,
triángulos temblorosos
cuyas alas
agitándose apenas
llevan de un sitio a otro
de las costas de Chile
el frío gris, los desolados días.

Yo estoy aquí mientras de cielo en cielo
el temblor de las aves migratorias
me deja hundido en mí y en mi materia
como en un pozo de perpetuidad
cavado por una espiral inmóvil.

OS TRIÂNGULOS

Três triângulos de pássaros cruzaram
por sobre o enorme oceano estendido
no inverno como um animal verde.
Tudo jaz, o silêncio,
o desenvolver cinza, a luz pesada
do espaço, na terra intermitente.

Por cima disso tudo foi passando
um vôo
e outro vôo
de aves escuras, corpos invernais,
triângulos trementes
cujas asas
agitando-se apenas
levam de um sítio a outro
das costas do Chile
o frio cinzento, os desolados dias.

Eu estou aqui enquanto de céu em céu
o estremecer das aves migratórias
me deixa submerso em mim e em minha matéria
como num poço de perpetuidade
cavado por uma espiral imóvel.

Ya desaparecieron:
plumas negras del mar,
pájaros férreos
de acantilados y de roqueríos,
ahora, a medio día
frente al vacío estoy: es el espacio
del invierno extendido
y el mar se ha puesto
sobre el rostro azul
una máscara amarga.

Já desapareceram:
plumas negras do mar,
pássaros férreos
de alcantilados e pedregulhos,
agora, ao meio-dia,
em frente ao vazio estou: é o espaço
do inverno estendido
e o mar se colocou
sobre o rosto azul
uma máscara amarga.

UN PERRO HA MUERTO

Mi perro ha muerto.

Lo enterré en el jardín
junto a una vieja máquina oxidada.

Allí, no más abajo,
ni más arriba,
se juntará conmigo alguna vez.
Ahora él ya se fue con su pelaje,
su mala educación, su nariz fría.
Y yo, materialista que no cree
en el celeste cielo prometido
para ningún humano,
para este perro o para todo perro
creo en el cielo, sí, creo en un cielo
donde yo no entraré, pero él me espera
ondulando su cola de abanico
para que yo al llegar tenga amistades.

Ay no diré la tristeza en la tierra
de no tenerlo más por compañero,
que para mí jamás fue un servidor.

Tuvo hacia mí la amistad de un erizo
que conservaba su soberanía,

UM CACHORRO MORREU

Meu cachorro morreu.

Enterrei-o no jardim
junto a uma velha máquina oxidada.

Ali, não mais embaixo,
nem mais em cima,
vai se juntar comigo alguma vez.
Agora ele já foi com sua pelagem,
sua má educação, seu nariz frio.
E eu, materialista que não tem fé
no celeste céu que foi prometido
para nenhum humano,
para este cão ou para todo cão
acredito no céu, num céu creio
onde não entrarei, mas ele me espera
ondulando sua cauda como um leque
para que eu ao chegar tenha amizades.

Ai, não direi a tristeza na terra
por não mais tê-lo como companheiro,
pois para mim jamais foi um servidor.

Teve a mim a amizade de um ouriço
que conservava sua soberania,

la amistad de una estrella independiente
sin más intimidad que la precisa,
sin exageraciones:
no se trepaba sobre mi vestuario
llenándome de pelos o de sarna,
no se frotaba contra mi rodilla
como otros perros obsesos sexuales.
No, mi perro me miraba
dándome la atención que necesito,
la atención necesaria
para hacer comprender a un vanidoso
que siendo perro él,
con esos ojos, más puros que los míos,
perdía el tiempo, pero me miraba
con la mirada que me reservó
toda su dulce, su peluda vida,
su silenciosa vida,
cerca de mí, sin molestarme nunca,
y sin pedirme nada.

Ay cuántas veces quise tener cola
andando junto a él por las orillas
del mar, en el invierno de Isla Negra,
en la gran soledad; arriba el aire
traspasado de pájaros glaciales
y mi perro brincando, hirsuto, lleno
de voltaje marino en movimiento:
mi perro vagabundo y olfatorio

a amizade de estrela independente
sem mais intimidade que a precisa,
sem exagerações:
não subia sobre as minhas vestimentas
enchendo-me de pêlos ou de sarna,
não se esfregava contra os meus joelhos
como outros cães obsessivos sexuais.
Não, meu cachorro me olhava
dando a mim a atenção que eu necessito,
a atenção necessária
para fazer compreender a um vaidoso
que sendo ele um cachorro,
com esses olhos, mais puros que os meus,
perdia o tempo, mas ficava me olhando
com o olhar que reservou para mim
toda sua doce, sua peluda vida,
sua vida silenciosa,
perto de mim sem me incomodar nunca,
e sem me pedir nada.

Ai, e quantas vezes eu quis ter cauda
andando junto dele pelas margens
do mar, em pleno inverno de Isla Negra,
na grande solidão: tendo por cima o ar
traspassado de pássaros glaciais
e meu cão brincando, hirsuto, repleto
de voltagem marinha em movimento:
meu cachorro vagabundo e olfatório

enarbolando su cola dorada
frente a frente al Océano y su espuma.

Alegre, alegre, alegre
como los perros saben ser felices,
sin nada más, con el absolutismo
de la naturaleza descarada.

No hay adiós a mi perro que se ha muerto.
Y no hay ni hubo mentira entre nosotros.

Ya se fue y lo enterré, y eso era todo.

arvorando uma cauda dourada
frente a frente ao Oceano e sua espuma.

Alegre, alegre, alegre
como os cachorros sabem ser felizes,
sem nada mais, com o absolutismo
total da natureza descarada.

Não há adeus ao meu cachorro morto.
Não há nem houve mentira entre nós.

Já se foi e o enterrei, e isso foi tudo.

OTOÑO

Estos meses arrastran la estridencia
de una guerra civil no declarada.
Hombres, mujeres, gritos, desafíos,
mientras se instala en la ciudad hostil,
en las arenas ahora desoladas
del mar y sus espumas verdaderas,
el otoño, vestido de soldado,
gris de cabeza, lento de actitud:
el otoño invasor cubre la tierra.

Chile despierta o duerme. Sale el sol
meditativo entre hojas amarillas
que vuelan como párpados políticos
desprendidos del cielo atormentado.
Si antes no había sitio por las calles,
ahora sí, la sustancia solitaria
de ti y de mí, tal vez de todo el mundo,
quiere salir de compras o de sueños,
busca el rectángulo de soledad
con el árbol aún verde que vacila
antes de deshojarse y desplomarse
vestido de oro y luego de mendigo.

Yo vuelvo al mar envuelto por el cielo:
el silencio entre una y otra ola

OUTONO

Estes meses arrastam a estridência
de uma guerra civil não declarada.
Homens, mulheres, gritos, desafios,
enquanto se instala na cidade hostil,
nas areias agora desoladas
do mar e suas espumas verdadeiras,
o outono, vestido de soldado,
gris de cabeça, lento de atitude:
e o outono invasor cobrindo a terra.

O Chile desperta ou dorme. Sai o sol
pensativo entre folhas amarelas
que voam como pálpebras políticas
desprendidas do céu atormentado.
Se antes não havia lugar pelas ruas,
agora a substância solitária
de ti e de mim, talvez de todo o mundo,
quer sair para compras ou vai sonhando,
busca o retângulo de solidão
como a árvore ainda verde que vacila
antes de desfolhar-se e desaprumar-se
vestida de ouro e logo de mendigo.

Eu volto ao mar envolto pelo céu:
entre uma onda e outra onda há o silêncio

establece un suspenso peligroso:
muere la vida, se aquieta la sangre
hasta que rompe el nuevo movimiento
y resuena la voz del infinito.

que estabelece um hiato perigoso:
morre a vida e tranqüiliza-se o sangue
até que rompe o novo movimento
e fica ressoando a voz do infinito.

LA ESTRELLA

Bueno, ya no volví, ya no padezco
de no volver, se decidió la arena
y como parte de ola y de pasaje,
sílaba de la sal, piojo del agua,
yo, soberano, esclavo de la costa
me sometí, me encadené a mi roca.

No hay albedrío para los que somos
fragmento del asombro,
no hay salida para este volver
a uno mismo, a la piedra de uno mismo,
ya no hay más estrella que el mar.

A ESTRELA

Bom, eu já não voltei, já não padeço
de não voltar, a decisão da areia
e como parte da onda e de passagem,
a sílaba de sal, o piolho da água,
eu, soberano, escravo desta costa
submeti-me, me encadeei à minha rocha.

Não há vontade para nós que somos
fragmento do assombro,
não tem saída para este retorno
para si mesmo, à pedra de si mesmo,
já não existem mais estrelas que o mar.

SOBRE O AUTOR

Ricardo Neftalí Reyes Basoalto nasceu na cidade chilena de Parral, em 12 de julho de 1904. Sua mãe era professora e morreu logo após o nascimento do filho. Seu pai, que era funcionário de ferrovia, mudou-se, alguns anos mais tarde, para a cidade de Temuco onde se casou novamente com Trinidad Candia Malverde. Ricardo passou a infância perto de florestas, em meio à natureza virgem, o que marcaria para sempre seu imaginário, refletindo-se na sua obra literária.

Em Temuco, conheceu a poetisa Gabriela Mistral, então diretora de uma escola, que muito se afeiçoou a ele.

Com treze anos, Ricardo começou a contribuir com alguns textos para o jornal *La montaña*. Foi em 1920 que surgiu o pseudônimo Pablo Neruda – uma homenagem ao poeta tchecoslovaco Jan Neruda (1834-1891) –, sob o qual o jovem publicava poemas no periódico literário *Selva austral*. Vários dos poemas deste período estão presentes em *Crepusculário*, o primeiro livro do poeta a ser publicado, em 1923. No ano seguinte, 1924, foi publicado o livro *Veinte poemas de amor y uma canción desesperada*, no qual a mulher simboliza o mundo que o jovem poeta ansia por conhecer.

Além das suas atividades literárias, Neruda estudou francês e pedagogia na Universidade do Chile. No período de 1927 a 1935, trabalhou como diplomata para o governo chileno, vivendo em Burma, Ceilão, Java, Cingapura, Buenos Aires, Barcelona e Madri. Em 1930, casou-se com María Antonieta Hagenaar, de quem se divorciaria em 1936. Viveu com Delia de Carril a partir de meados da década de 30 (casaria-se com ela em 1943 e dela se divorciaria em 1955).

Em meio às turbulências políticas de proporções mundiais do período do entre-guerras, Neruda publicou o livro que marcaria um novo período em sua obra, *Residência na terra* (1933). Surgia uma poesia de um pessimismo social angustiado, marcada pela orientação política e culminando no grito pela revolução. Em 1936, o estouro da Guerra Civil Espanhola e o assassinato de Federico García Lorca, a quem Neruda conhecia, aproximam o poeta chileno dos republicanos espanhóis e faz com que ele seja destituído de seu cargo consular. Neruda exalta as forças republicanas espanholas em *Espanha no coração* (1937), livro de poemas que foi impresso no front da Guerra Espanhola e que, posteriormente, passou a integrar o livro *Terceira residência* (1947). Também no poema *Canto a Stalingrado*, recolhido em *Terceira residência* mas escrito nos anos antecedentes à Segunda Guerra Mundial, se pode perceber a forte inclinação esquerdista e engajamento político-social do poeta.

Em 1943, Neruda voltou ao Chile, e em 1945 foi eleito senador da república, filiando-se ao partido comunista chileno. Devido a suas manifestações contra a política repressiva do presidente Gonzales Videla para com mineiros em greve, teve de viver clandestinamente em seu próprio país por dois anos, até exilar-se, em 1949. Em 1950, foi publicado no México e clandestinamente no Chile o livro *Canto geral*, escrito por Neruda quando era cônsul-geral no México. Além de ser o título mais célebre de Neruda, *Canto geral* é uma obra-prima de poesia telúrica que exalta poderosamente toda a vida do Novo Mundo – os vegetais, os homens, os animais –, denuncia a impostura dos conquistadores e a tristeza dos povos explorados, expressando um grito de fraternidade através de imagens poderosas.

Após viver em diversos países, Neruda voltou ao Chile em 1952. Muito do que ele escreveu nesse tempo tem profundas marcas políticas, como é o caso de *As uvas e o vento* (1954), que pode ser considerado o diário de exílio do poeta.

Em 1955, ano de seu divórcio com sua segunda mulher, Neruda iniciaria um relacionamento com Mathilde Urrutia que duraria até a morte do poeta. Seguiram-se os livros *Estravagario* (1958), *Odas elementales* (1954-1959), *Cem sonetos de amor* (1959), que inclui poemas dedicados a Matilde, *Memorial de isla negra*, obra autobiográfica em cinco volumes publicada em 1964, por ocasião do 60° aniversário do poeta, *Arte de pájaros* (1966), *La barcarola* (1967), a peça *Fulgor e morte de Joaquín Murieta* (1967), *Las manos del día* (1968), *Fin del mundo* (1969), *Las piedras del cielo* (1970) e *La Espada encendida* (1970).

Em 1971, Pablo Neruda recebeu a honraria máxima para um escritor, o Prêmio Nobel de Literatura, por causa de sua poesia que, "com a ação de forças elementares dá vida ao destino e aos sonhos de todo um continente". Publicou, a seguir, *Geografia infructuosa* (1972).

Pablo Neruda morreu em Santiago do Chile, em 23 de setembro de 1973, apenas alguns dias após o golpe militar que depusera da presidência do país o seu amigo Salvador Allende, em 11 de setembro.

Vários livros de poesia daquele que foi a voz poética mais célebre e universal do século 20 foram publicados postumamente. São eles: *El mar y las campanas* (1973), *El corazón amarillo* (1974), *Defectos escogidos* (1974), *El libro de las preguntas* (1974), *Elegia* (1974) e *Jardim de inverno* (1975). Também foram publicados após a morte de Neruda os livros de prosa *Confesso que vivi* (memórias), 1974, e *Para nascer he nascido* (1978).